MLLE KAROLY

ET

SES CRITIQUES

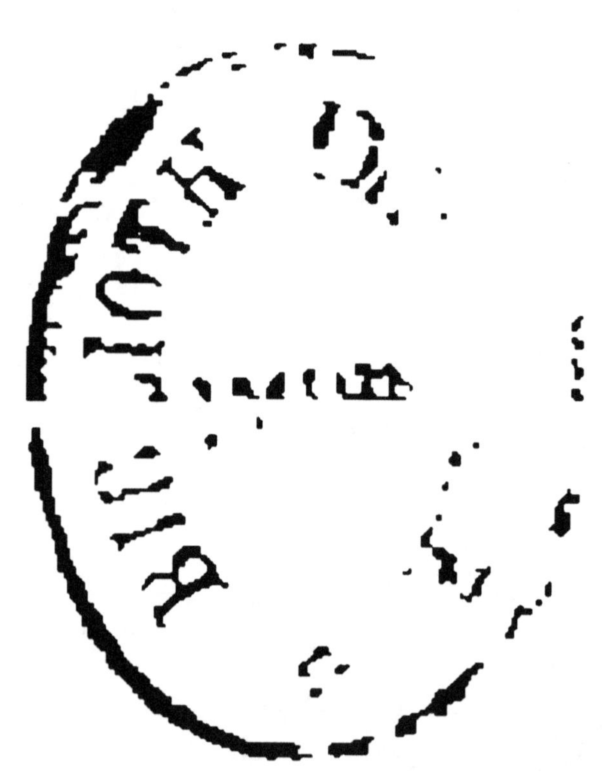

VICTORIEN MONNIER

CÉLÉBRITÉS PARISIENNES

—

Mlle KAROLY

(DE L'ODÉON)

ET

SES CRITIQUES

PARIS

COURNOL, LIBRAIRE, RUE DE SEINE, 20

ET CHEZ L'AUTEUR, RUE DE SEINE, 41

—

1869

1

Le 4 septembre de la présente année, Mlle Karoly reprenait possession de son théâtre de l'Odéon,
après quelques années d'absence, par le rôle de
Camille.

En sortant de cette représentation, où Mlle Karoly avait été acclamée des mêmes applaudissements dont j'avais été naguère le témoin, je me
rappelai ses succès d'autrefois et la lutte qu'elle
avait eu à soutenir — lutte dans laquelle je ne
restai pas indifférent — contre quelques critiques
peu bienveillants à son égard. Ces souvenirs, déjà
éloignés et oubliés de ceux qui les ont connus, me
semblent opportuns d'être mis sous les yeux du
public au moment où l'éminente artiste reprend
possession de la scène du second Théâtre-Français
pour y jouer les grands rôles tragiques, et de faire

en même temps une courte étude biographique de la célèbre tragédienne, étude, qui, je l'espère, la fera connaître tout entière.

II

Mlle Karoly débuta à l'Odéon le 7 septembre
1860 par le rôle de Camille. Le succès confirma ses
espérances et dépassa toutes celles qu'avait pu con-
cevoir l'habile professeur qui lui donnait des conseils. M. Maubant dut prendre à son compte une
partie des applaudissements frénétiques qui saluè-
rent son élève après les imprécations du quatrième
acte. Elle fut obligée de reparaître deux fois de
suite devant le public qui la demandait à grands
cris, en l'acclamant de ses bravos enthousiastes.

Immédiatement après ce premier début, le directeur de l'Odéon contracta avec la débutante un
engagement de trois ans.

La presse ne fut pas d'un avis unanime sur le
compte de la nouvelle venue que M. Charles de La
Rounat venait d'attacher à son théâtre, et alors,

comme aujourd'hui, Mlle Karoly eut à supporter
de rudes attaques de quelques journalistes, tandis
que d'autres la soutenaient chaleureusement et de
leur plume et de leurs conseils. Et, malgré ses succès éclatants, les critiques restèrent partagés en
deux camps opposés. Quant à moi, dès cette soirée, Camille, qui me faisait présager le mâle talent de cette nouvelle artiste, acquit tout de suite
toutes mes sympathies, et depuis lors je n'ai cessé
de suivre avec le plus grand intérêt les phases di-
verses de sa carrière dramatique, l'encourageant
de mes applaudissements et la défendant de ma
plume chaque fois que d'indignes attaques me sem
blaient aussi injustes qu'elles étaient peu méritées.

Après les imprécations de Camille, vinrent les
fureurs d'Hermione. Le succès de Mlle Karoly ne
fut pas moins brillant dans *Andromaque* qu'il ne
l'avait été dans *Horace*.

C'est à la suite de ce second début que M. Charles de La Rounat, charmé du succès de sa nouvelle
pensionnaire, doubla ses appointements.

C'est par le rôle d'Émilie de *Cinna* qu'eut lieu le
troisième début de Mlle Karoly. Cette pièce, qui se
jouait simultanément au Théâtre-Français et à
l'Odéon, donna lieu à M. de Biéville, l'éminent
critique du *Siècle*, de faire le parallèle suivant en-

ïre les deux artistes chargées du rôle d'Émilie :

« M⠄ Karoly a plus de fierté dans le maintien, plus d'ardeur dans le regard ; son geste est plus vrai et plus harmonieux ; elle a plus d'énergie, bien que M⠄ Devoyod n'en manque pas. C'est la scène d'ironie avec Maxime que M⠄ Devoyod dit le mieux. M⠄ Karoly la rend avec plus d'expression, mais avec un peu d'exagération..... Pour le cinquième acte, la comparaison n'est plus possible entre les deux actrices. M⠄ Devoyod ne paraît plus que comme une pupille prise en faute et amenée par Livie à son tuteur pour être réprimandée. C'est encore un des inconvénients du rôle de Livie. M⠄ Karoly revient, comme il convient à son caractère, revendiquer une part dans la responsabilité de la conjuration dont elle a été l'âme. Elle conserve la fierté de ce mouvement jusqu'à l'instant où, vaincue par la générosité d'Auguste, elle dépose à ses pieds tout son ressentiment :

> Et je me rends, seigneur, à ces hautes bontés ;
> Je recouvre la vue auprès de leurs clartés,
> Je connais mon forfait qui me semblait justice,
> Et, ce que n'avait pu la terreur du supplice,
> Je sens naître en mon âme un repentir puissant,
> Et mon cœur en secret me dit qu'il y consent.

« Tout ce couplet est dit par M⠄ Karoly avec un attendrissement et un repentir qui n'ont jamais été

mieux sentis, pas même par Rachel. Les progrès
de la nouvelle tragédienne continuent donc. Sa
voix, dont la rudesse a pu être attaquée avec raison, commence à se régler. Elle ménage mieux ses
effets ; son énergie, sa puissance sont toujours les
mêmes ; sa sensibilité s'accroît. Aussi, malgré les
attaques passionnées de ses détracteurs, le public
la suit avec intérêt. Chacune de ses représentations
attire à l'Odéon une affluence inaccoutumée... »

C'est le 5 décembre 1860, deux mois à peine
après le premier début de Mlle Karoly, que M. de
Biéville parlait ainsi d'elle et de la tragédienne du
Théâtre-Français ; et l'on peut voir, par ces quelques lignes, à laquelle de ces deux artistes il ac-
cordait la préférence.

Ses débuts achevés et en pleine possession et de
son public et de son théâtre, Mlle Karoly continue
le cours de ses succès en jouant tour à tour *Andromaque, Horace* et *Cinna...* puis vint *Polyeucte.*
Cette pièce est, sans contredit, de toutes les tragédies de Corneille, celle où le rôle de l'héroïne
demande à être traité avec un soin extrême, beaucoup de grandeur d'âme et un doux sentiment de
résignation. Il est, à notre avis, l'un des plus beaux
rôles créés par le génie de Corneille, bien qu'un
peu effacé par la grandeur du rôle de Polyeucte.

Je suis loin cependant d'admirer ce personnage, ayant toujours professé un souverain mépris pour les rénégats. A ce dénouement, je préfère celui du *Dernier des Abencérages*. Au moment où le héros hésite entre son Dieu et son amour, son amante éplorée lui crie : « *Retourne au désert !* »

Et ici, je crois, Chateaubriand a raison de Corneille.

C'est qu'une date immortelle séparait ces deux écrivains, et que 89 avait raison de la révocation de l'édit de Nantes. Aussi ne devons-nous voir dans le dénoûment de ces deux ouvrages que l'esprit d'intolérance qui régnait du temps du grand Corneille, et l'esprit de tolérance, en matières religieuses, qui régnait du temps du *pamphlétaire* Chateaubriand, qui a eu le malheur d'écrire, dans nos jours misérables, un misérable pamphlet intitulé : *Buonaparte et les Bourbons...* Que ce forfait ne retombe point sur sa tombe et qu'il ne déchaîne point contre elle l'Océan en fureur !

« Et pourtant, disais-je au moment où M[ll] Karoly abordait ce rôle ingrat, selon moi, de Pauline et le peu ne sympathie que j'éprouvais pour Polyeucte. Et pourtant comment résister au charme infini d'entendre la voix majestueuse de Mlle Karoly sous les traits de Pauline. Ah ! c'est que le ta-

lent vous oblige à l'admirer, à l'applaudir quand
même, pour les sentiments qu'il exprime. Ainsi
fait le peintre, ainsi fait le sculpteur, ainsi fait
l'artiste à la scène. Chacun d'eux vous empoigne,
vous subjugue : le peintre avec ses couleurs, le
sculpteur avec le marbre, et Mlle Karoly avec...
Mlle Karoly... »

III

Dès cette époque (février 1861), les ennemis de Mlle Karoly voulaient lui opposer une rivale, et le moment leur semblait favorable pour battre en brèche le piédestal de cette nouvelle gloire, car la direction de l'Odéon remontait alors avec beaucoup de luxe une tragédie due à la collaboration de MM. Soumet et Belmontet. Mlle Karoly devait y jouer le rôle d'Agrippine, Mlle Tordéus celui de Poppée.

Quelques mois auparavant, les débuts de Mlle Tordéus ne s'étaient pas accomplis sans quelque éclat dans les rôles de Chimène du *Cid* et d'Ériphile d'*Iphigénie*, et même par celui de Camille d'*Horace*.

L'occasion paraissait donc favorable pour opposer les deux artistes, et chacun attendait non sans quelque émotion, dans les camps opposés, le résultat de cette représentation. Il ne fut pas douteux pour l'actrice en faveur de laquelle nous faisions des souhaits.

Je ne répéterai point ici ce que je dis alors après cette épreuve, je citerai seulement l'opinion émise par quelques-uns de mes estimables confrères. Voici d'abord comment M. Vermorel s'exprimait dans *la Jeune France* :

« ... Tout l'intérêt de la représentation qui a été donnée mardi se concentrait donc sur Mlle Tordéus et Mlle Karoly. S'il s'est agi d'établir un concours entre ces deux actrices, le résultat n'en peut être douteux. Mlle Tordéus n'est pas seulement restée inférieure à Mlle Karoly, elle a été complétement effacée. Je n'avais pas encore vu cette jeune actrice, j'aime à croire qu'elle a eu et qu'elle aura de meilleurs jours ; mais, à en juger par cette dernière épreuve, il n'est guère possible d'essayer aucune discussion à son endroit. »

Voici maintenant l'appréciation du *Nouvel Organe* :

« Mlle Georges excellait dans le rôle d'Agrippine, car, avec ses quarante ans d'expérience dans l'Agrippine fausse, guindée, indécise, mal conçue de MM. Soumet et Belmontet, elle savait retrouver la vraie, l'horrible Agrippine, l'Agrippine de Suétone et de Tacite. Ce que cherche Mlle Karoly, au contraire, c'est l'élan loyal et ardent, l'enthousiasme, la soudaineté, l'éclat, la tempête de la passion; il n'y a rien de cela dans l'Agrippine de *la Fête de Néron*. Mais ce qui n'y est pas, Mlle Karoly le met de son autorité privée, et, en certains moments, sa voix s'émeut, vibre et s'argente; le feu qui la possède déborde, et nous retrouvons la brillante tragédienne avec toutes ses belles et brillantes qualités. C'est toujours le même geste, sobre et ferme sans parler, un peu désordonné dans l'action ; c'est toujours la même expression fougueuse et hardie. »

Mlle Tordéus ne contracta pas d'engagement à l'Odéon. Elle fut engagée à Bruxelles, où elle obtint, d'après l'*Écho des Théâtres*, de brillants succès. A son retour de Bruxelles, elle débuta sans bruit au Théâtre-Français, où elle est restée en compagnie de Mlle Devoyod.

La même année, Mlle Méa débuta aussi à l'Odéon, toujours en concurrence avec Mlle Karoly. Elle échoua et entra à l'Ambigu-Comique, où elle joua, non sans quelque succès, l'*Ange de Minuit*.

J'ignore, à cette heure, ce qu'est devenue cette artiste, qui aurait pu se faire une place distinguée, je n'en doute pas, sur l'un de nos théâtres parisiens.

Une autre artiste, plus malheureuse encore que les précédentes, Mlle Andréa Bourgeois voulut, elle aussi, tenter la fortune et se porter en concurrente de Mlle Karoly. Elle débuta par le rôle d'Hermione qu'elle ne joua qu'une fois. Ce début fut des plus malheureux, et, quoiqu'elle fût de mes amies, je ne pus que constater sa chute.

A cette occasion, l'on cite un mot d'elle, qui, s'il ne prouve point qu'elle pouvait être une bonne tragédienne, prouve au moins qu'elle savait se tirer d'un mauvais pas sans faire un trop grand effort d'esprit : voici comme :

Donc, Mlle Andréa Bourgeois venait de jouer avec un courage digne d'un meilleur sort le rôle d'Hermione à l'Odéon. La toile s'était baissée au bruit des murmures des uns, des applaudissements des autres.

A minuit, Mlle Bourgeois sortait du théâtre. Arrivée sous la galerie, elle trouva, rangés sur son passage, une dizaine d'étudiants. Le doyen — un *vieux* de douzième année — s'avança gravement vers elle, puis, la saluant, lui dit poliment :

« Mademoiselle, nous rendons hommage au courage malheureux.

— Monsieur, lui répond l'Hermione, dissimulant

assez bien sa colère, *le courage, chez vous, n'égale
pas le nombre des années.* »

Oh ! cette fois, la fille de Ménelas fut couverte
d'applaudissements unanimes et on ne peut plus
empressés de la part des nombreuses personnes
que cette scène réunissait autour de la tragédienne, et une ovation aussi sincère que bruyante
accompagna l'artiste jusqu'à sa voiture.

J'ignore si, depuis cette malheureuse soirée,
Mlle Andréa Bourgeois, a tenté de nouveau la fortune sur un autre théâtre.

Arrivé au terme de la première année des dé-
buts de Mlle Karoly, j'ouvre une parenthèse pour
dire en quelques mots ce qu'était cette éminente
artiste avant de se faire un nom au théâtre.

IV

C'est sur les bords de la Loire que Mlle Karoly
reçut le jour. Saumur est sa patrie. Son père, un
ex-brigand de ce magnifique fleuve, avait eu l'honneur de servir la France pendant de longues années
dans des armées qui avaient fait quelque bruit en
Europe. Quand ces armées furent dispersées et leur
chef anéanti, le sergent Michel Duveau rentra sous
sa tente. Plus tard, il épousa Mlle Marie Cochard,
à laquelle il offrit, en guise de pièce de mariage,
la croix de chevalier de la Légion-d'Honneur qu'il
avait obtenue pour prix de ses longs et loyaux ser-
vices; car il s'était trouvé sur presque tous les
grands champs de bataille de la République et du
premier Empire. Marengo, Austerlitz, Wagram,
Iéna, la campagne de Russie en 1812, la campagne
de France en 1813, furent témoins de son courage

et de son abnégation. Il ne parlait jamais des combats de cette funeste campagne sans qu'une grosse larme ne vînt sillonner sa joue cicatrisée. Mis en retraite, il supporta en *grognant* les tristes années 1815 et 1816, qui inspirèrent à un poëte du temps le distique suivant :

> Trois fléaux destructeurs désolent ma patrie :
> La légitimité, la clémence et la pluie.

Heureusement, il trouva dans sa femme une épouse digne de lui, et, rentré au logis, elle savait lui faire oublier et ses blessures physiques et ses blessures morales. Donc, le ménage de l'ancien soldat fut heureux et de nombreux enfants en furent la conséquence. Pour une si nombreuse progéniture, la pension d'un sous-officier est de maigre importance, et Mlle Karoly, arrivée l'une des dernières, dut prendre, sitôt qu'elle en fut capable, le fil et les ciseaux et se faire ouvrière. Mais la jeune fille étouffait et se sentait mal à l'aise dans un atelier de province, et le gain, ne répondant pas à son ambition, elle prenait déjà la résolution d'exercer ses talents d'ouvrière sur un plus vaste théâtre. Aussi, quand arriva la mort de son père, elle quitta Saumur et vint à Paris, attirée sans doute par son démon familier. Elle travailla d'abord pendant quelque temps dans des ateliers de confections; puis, se sentant assez forte et assez habile, elle se fit couturière à son propre compte, et bien lui en prit.

Le hasard fit qu'un jour, en revenant de porter une robe à l'une de ses clientes, elle eut la fantaisie de s'arrêter sur les quais à l'étalage d'un bouquiniste. Elle acheta quélques volumes dépareillés des œuvres de Corneille. A peine rentrée au logis, elle se mit à parcourir ces volumes, qui, bientôt, devinrent pour elle la source des plus douces jouissances, si bien qu'insensiblement elle en apprit par cœur les plus beaux passages, et que, tout en tirant l'aiguille, elle les récitait parfois tout haut, en soulignant les endroits qui l'impressionnaient davantage, en donnant à sa voix les inflexions qui, selon elle, leur convenaient le mieux.

C'est ainsi qu'un jour que, tout en tirant l'aiguille, elle récitait tout haut l'une des scènes de *Cinna*, la porte de sa chambre s'ouvrit, et qu'une dame, sur le seuil, s'écria :

« C'est très-bien! mademoiselle, continuez, s'il vous plaît.

— Comment, madame, vous écoutiez? dit l'ouvrière en reconnaissant cette dame pour l'une de ses clientes.

— Oui, reprit celle-ci, et j'en suis si ravie que je vous prie de recommencer. »

Elle recommença.

A peine achevait-elle que cette dame, lui prenant les mains, la complimenta chaleureusement de la manière dont elle interprétait les vers de Corneille et du plaisir qu'elle venait de lui faire éprouver. Elle l'engagea fortement, si elle s'en sentait la vocation, d'entrer au théâtre, où, lui dit-elle, elle lui prédisait le plus brillant avenir.

A partir de ce moment ce fut le seul souci de la jeune ouvrière. Mais que faire pour arriver à un tel résultat ?

En la quittant, sa cliente lui cita **M.** Maubant comme l'artiste qui devait le mieux lui tracer le chemin qu'elle aurait à suivre pour arriver à bon port. Ce fut donc vers lui qu'elle dirigea ses pas.

M. Maubant la reçut avec bonté et l'engagea de réciter quelques scènes. Elle fit choix du quatrième acte d'*Horace*.

Arrivée à ce passage :

> Rome, l'unique objet de mon ressentiment !
> Rome, à qui vient ton bras d'immoler mon amant !
> Rome qui t'a vu naître et que ton cœur adore !
> Rome enfin que je hais parce qu'elle t'honore !
> Puissent tous ses voisins, ensemble conjurés,
> Saper ses fondements encore mal assurés ;

> Et si ce n'est assez de toute l'Italie,
> Que l'Orient contre elle à l'Occident s'allie;
> Que cent peuples unis des bouts de l'univers
> Passent pour la détruire et les monts et les mers;
> Qu'elle-même sur soi renverse ses murailles,
> Et de ses propres mains déchire ses entrailles!
> Que le courroux du ciel allumé par mes vœux
> Fasse pleuvoir sur elle un déluge de feux!
> Puissé-je de mes yeux y voir tomber ce foudre,
> Voir ses maisons en cendres et tes lauriers en poudre,
> Voir le dernier Romain à son dernier soupir!
> Moi seule en être cause, et mourir de plaisir!...

M. Maubant, qui lui donnait la réplique, lui dit en la regardant attentivement :

« Mademoiselle, lui dit-il, il y a chez vous l'étoffe d'une tragédienne; mais ce ne sera que par un travail opiniâtre et beaucoup de temps qu'il y aura chance d'arriver à un heureux résultat. Si vous vous sentez le courage nécessaire pour entreprendre ce travail aride, je tâcherai de faire de vous une grande artiste. Comptez sur moi si je puis compter sur vous. »

Ce fut par des larmes de joie que Mlle Karoly accepta cette proposition qui souriait tant à son cœur.

Ils se mirent immédiatement à l'œuvre, et, après quatre ans d'études sérieuses, le professeur jugea son élève en état d'affronter les feux de la rampe et les regards du public. Par ses soins, le directeur du petit théâtre de Montmartre monta *Horace*, et Mlle Karoly joua pour la première fois le rôle de Camille. Sur les instances de M. Maubant, M. Charles de La Rounat, qui était alors directeur de l'Odéon, s'était rendu à cette représentation. Cet habile directeur vit de suite quel parti il pourrait tirer de la nouvelle tragédienne ; il l'admit à débuter sur le Théâtre-Français de la rive gauche.

Ainsi que je l'ai déjà dit, le succès fut complet et dépassa toutes les espérances de la jeune artiste et de son habile professeur. Pour n'en citer qu'un exemple, *Horace,* que l'on ne jouait à l'Odéon que trois ou quatre fois durant l'année tréâtrale, fut représenté près de quarante fois pendant la première année des débuts de Mlle Karoly, et toujours avec des recettes qui pâmaient d'aise le caissier du théâtre, peu habitué à une pareille aubaine lors des représentations des pièces classiques.

Pendant les vacances du théâtre de l'Odéon, Mlle Karoly parcourut la province en compagnie de M. Gibeau, de Mlle Rousseil et de quelques autres artistes ses camarades. Partout ces vaillants artistes furent acclamés des plus chaleureux applaudissements, et partout les recettes s'élevèrent à des sommes ignorées jusqu'alors des théâtres du Mans, de Laval et de Rennes, où ces éminents artistes donnèrent des représentations.

Ce fut à Saumur, sa ville natale, où Mlle Karoly
s'essaya, pour la première fois, dans le rôle de
Phèdre, qu'elle n'avait point joué à Paris, et qui
devait être pour elle, sur le théâtre de ses débuts,
le sujet de nouveaux triomphes. Ceux qu'elle reçut
à Saumur, furent, paraît-il, des plus merveilleux
et au-dessus de toute description. Sa ville se montrait en cela reconnaissante de la bienveillante
attention de Mlle Karoly d'avoir réservé pour elle
le dessus du panier des pièces de son répertoire,
et, comme Vénus, tout entière à sa proie attachée,
l'artiste se montra tout entière dans ce rôle terrible
et charmant de la malheureuse épouse de Thésée.

V

Au moment où l'Odéon rouvrait ses portes, Mlle Karoly rentrait à Paris couverte des lauriers recueillis dans sa campagne provinciale, campagne qui n'avait été qu'un long triomphe pour l'interprète passionnée de nos grands tragiques. Ce fut par le rôle de Phèdre qu'elle fit sa rentrée sur la scène de ses premiers exploits.

L'avouerai-je? je n'étais pas sans une certaine inquiétude sur la manière dont elle interpréterait ce rôle. Il faut, pour le bien remplir, que l'artiste possède au plus haut degré la force de la passion poussée à ses extrêmes limites, et en même temps nuancer d'une manière délicate les sentiments étranges qui l'animent et la torturent. Aussi étais-je tout yeux et tout oreille lorsque je la vis s'avancer, soutenue par sa nourrice, et lui dire :

> N'allons pas plus avant. Demeurons chère Œnone,
> Je ne me soutiens plus, ma force m'abandonne.....

Mes craintes étaient vaines, et le succès, sans être brillant comme ceux de Camille et d'Emilie, ne fut pas douteux un seul instant.

En sortant de cette représentation, j'adressai à Mlle Karoly le sixain suivant :

> Quand de l'ardente Phèdre exprimant les tourments,
> Tu nous fais tressaillir à tes puissants accents ;
> O Karoly ! — déesse admirable et terrible ! —
> Quels yeux resteraient secs et quel cœur insensible ?
> Tu nous rends et la Grèce et ses rois et ses chants,
> Et ton talent franchit l'horizon du possible !

Cependant une partie de la presse se montrait fort hostile à Mlle Karoly, et je fus obligé plus d'une fois de prendre la plume pour repousser des attaques qui me semblaient aussi injustes qu'imméritées.

Tout à l'heure, je mettrai sous les yeux du lecteur quelques-unes des attaques qui m'étaient personnelles, à propos de mes articles sur Mlle Karoly, et contre lesquelles je fus obligé de me défendre.

En attendant, la saison s'avançait avec des succès fort contestés d'un côté et proclamés avec chaleur et conviction de l'autre... quand tout à coup le parti hostile annonça avec emphase l'apparition d'une tragédienne qui devait effacer complétement

Mlle Karoly et surpasser toutes les tragédiennes qui l'avaient précédées, sans en excepter Mlle Rachel.

J'attendais donc, non sans émotion, le jour où il me serait donné de juger cette nouvelle étoile qui pointait à l'horizon et qui devait éclipser toutes ses devancières. Enfin ce jour arriva, et voici, si j'ai bonne mémoire, ce que j'écrivais le lendemain de cette représentation qui devait faire époque dans les annales de l'Odéon :

« Je viens d'assister à une représentation de *Phèdre*, à l'Odéon. Mlle Agar faisait ses débuts par le rôle de la fille de la fameuse Pasiphaé. On m'avait tant vanté les mérites de cette débutante que j'apportai à l'entendre la plus grande attention. Mais, dès les premières scènes, je jugeai qu'il en faudra bien rabattre. Elle me parut tout d'abord d'une faiblesse extrême. Elle dit les vers avec une *lenteur désespérante,* appuie démesurément sur chaque voyelle, et son organe manque de force et de sonorité. Selon moi, ce n'est encore qu'une élève que l'on fait débuter trop tôt, qui récite passablement une leçon bien apprise, mais à qui le génie et l'inspiration manquent complétement. »

Malgré cette quasi-chute, la partie de la presse qui soutenait la nouvelle débutante l'acclamait sur tous les tons et se frottait les mains. Je fus même

à cette occasion accosté, un soir, en plein boule-
vard et en plein café, par un confrère tout joyeux
de ce qu'il avait à me dire :

« Hé ! hé ! l'ami, me dit-il, vous voilà aux abois.
Une nouvelle étoile se lève sur la rive gauche de la
Seine, et, pour sûr, elle ne tardera pas à éclipser
l'astre qui vous éblouit !

— Vraiment !

— Parbleu ! lisez ce journal. »

Et, dans ce journal qu'il me tendit, je lus en
post-scriptum :

« Mlle Agar a joué ce dernier vendredi le rôle de
Phèdre à l'Odéon ; elle a recu l'accueil le plus
sympathique. A la fin donc voilà en tragédie un
vrai début plein d'espérance et dont la critique
peut parler. »

Huit jours après, le même journal contenait encore un *post-scriptum* ainsi conçu :

« Le deuxième début de Mlle Agar, dans le rôle
de Phèdre, à l'Odéon, n'a pas été moins heureux et
moins applaudi que le premier. Mlle Agar était *plus
sûre* d'elle-même, et sa voix, *mieux ménagée*, a
trouvé jusqu'à la fin des accents pathétiques. C'est
un début très-heureux sur lequel nous revien-
drons. »

D'après ce critique, s'il faut s'en rapporter à son

premier *post-scriptum,* il y avait enfin à l'Odéon une tragédienne sur le compte de laquelle la critique ne pourrait point mordre. Cependant le second *post-scriptum* avoue naïvement que Mlle Agar, lors de son deuxième début, était *plus sûre* d'elle-même et qu'elle avait *mieux ménagé* sa voix.

Si donc Mlle Agar, à son deuxième début, a *mieux ménagé* sa voix et était *plus sûre* d'elle-même qu'à son premier début, elle n'était donc pas si parfaite que M. *** avait bien voulu le dire et le faire accroire au public.

C'était, si je ne me trompe, donner raison à ma critique contre la sienne, puisque j'avais dit tout d'abord que Mlle Agar disait les vers avec une *lenteur désespérante.*

Une autre preuve, plus convaincante encore, c'est que, huit jours plus tard, le même critique disait dans le même journal :

« Parmi les objections bienveillantes qui lui sont faites — à Mlle Agar — il en est une qui lui vient d'un critique habile et studieux. En même temps, pour commencer par un exemple, ce bon critique indique à Mlle Agar un passage de *Phèdre* dont l'effet est diminué, dit-il, par *trop de lenteur.* Mlle Agar, à ce compte, aurait dit trop lentement :

> N'allons pas plus avant, demeurons, chère Ænone,
> Je ne me soutiens plus, ma force m'abandonne.

« Eh bien ! si notre savant critique eût ouvert l'édition originale des œuvres de Racine, publiées en 1676, chez Barbin, il eût su que Mlle Agar avait tort de mettre une virgule au mot *avant,* qu'elle avait raison de ponctuer tout le reste :

> N'allons pas plus avant, demeurons, chère Ænone,
> Je ne me soutiens plus, ma force m'abandonne ;
> Mes yeux sont *éblouis* du jour que je *revoy,*
> Et mes genoux tremblants se dérobent sous *moy.*

« Cette *lenteur* même est une louange à la tragédienne qui commence, etc., etc. »

Cette *lenteur*, qui m'avait choqué dès le premier soir, en avait, paraît-il, choqué d'autres, qui, comme moi, lui en faisaient un reproche. Pour le tenant de Mlle Agar, au contraire, cette *lenteur* était un mérite ; c'était son affaire. Mais ce n'était pas, à coup sûr, celle du public ni celle de la direction de l'Odéon, puisque, malgré son *assurance* et sa voix *mieux ménagée,* Mlle Agar ne fut point engagée.

Si, à cette époque, je reprochais à Mlle Agar de jouer plutôt en élève qui sortait, je crois, de la rue de la Tour-d'Auvergne, j'avoue que, depuis, elle a fait d'énormes progrès, et, qu'à l'occasion, je sais rendre justice à ses éminentes qualités, sans cependant la mettre au niveau de Mlle Karoly.

Du reste, comme je l'ai déjà dit, après ses débuts à l'Odéon, Mlle Agar ne fut pas engagée à ce théâtre. Ce ne fut que plus tard qu'elle y rentra, après des débuts malheureux au Théâtre-Français, où elle est rentrée à cette heure sans tambour ni trompette.

Après Mlle Agar, Mlle Rousseil voulut s'essayer dans *le Cid*. Elle joua Chimène. Mais

Tel brille au second rang qui s'éclipse au premier.

Mlle Rousseil en fit la triste expérience. Elle, si charmante dans le rôle d'Aricie, fut une pitoyable Chimène, et tout Paris, pour elle, n'eût point les yeux de Rodrigue.

Une autre artiste, qui nous avait charmé dans les rôles de Marie du *Revers de la médaille* et de Cécile des *Parents terribles*, voulut jouer Desdemone. Mais en la voyant on ne pouvait comprendre la fureur de ce pauvre Othelo. Après cet essai malheureux, Mme Debay retourna à ses moutons, et elle fit bien.

Après toutes ces tentatives infructueuses vint celle de Mlle Cornélie. Si je m'en souviens bien, elle ne parut qu'une fois sur la scène de l'Odéon dans le rôle d'Agrippine de *Britannicus*. Après la représentation, je rencontrai dans les coulisses une habilleuse du théâtre :

« Comment trouvez-vous la débutante ?

— Horriblement habillée, fit-elle.

— Qu'est-ce que cela prouve ?

— Ça prouve qu'une tragédienne mal habillée est condamnée d'avance et que je ne mettrais pas deux sous dans son jeu. »

Il paraît que ce fut aussi l'avis de M. Charles de La Rounat, puisque je ne revis plus le nom de Mlle Cornélie sur l'affiche.

Ainsi donc, cette année-là, comme l'année précédente, Mlle Karoly resta seule en possession de la scène de l'Odéon, malgré ses détracteurs et malgré le grand nombre de concurrentes qu'on lui opposa.

Mais la tentative la plus malheureuse de toutes ces malheureuses tentatives fut celle de Mlle Pauline de Mélin, tant par le bruit qu'elle produisit dans la presse que par les nombreux procès qui en furent la conséquence.

Cependant la polémique, pendant la saison théâtrale de l'Odéon, était allée bon train. J'ai déjà parlé de celle qui s'était élevée au sujet du début de Mlle Agar dans le rôle de Phèdre. Voici maintenant quelques aperçus de celle où je fus plus directement pris à parti :

M. A. Duplessis, dans *la Revue et Gazette des Théâtres*, s'exprimait ainsi :

« Un journal qui a été bien aise de saisir une occasion de révéler son existence nous a reproché d'avoir qualifié de *déplacée* l'ovation décernée à Mlle Karoly le soir de sa première apparition dans le rôle de Phèdre.

« Qu'a donc ce mot de si insolite qu'il ait pu effaroucher l'enthousiasme de l'honorable rédacteur du *Publicateur*? Oui, nous avons jugé Mlle Karoly avec sévérité peut-être, parce que, aimant son talent et les espérances qu'il donne, — ce que nous avons pris soin de dire, — nous avons voulu montrer à la jeune actrice que souvent elle avait fait fausse route dans le cours du rôle. Notre contradicteur a vu les choses tout autrement : *Tot capita, tot sensus.* Mais nous ne saurions reconnaître l'impropriété de notre expression, qui, s'il veut nous relire avec quelque attention, n'a trait qu'au rappel fait après le quatrième acte, rappel intempestif, que nous blâmerons toujours et de toutes nos forces, même lorsqu'il serait justifié par le talent hors ligne de l'interprète. Or, ce n'est pas le cas.

« A présent que nous avons mis les choses sous leur véritable jour, tout en maintenant notre expression première, nous ajouterons que nous pouvons nous tromper dans nos appréciations, mais que, du moins, nous nous faisons fort d'être impartial. Et si le correspondant du *Publicateur* nous fait encore l'honneur de nous lire, il pourra voir dans les colonnes de notre journal qu'ayant revu depuis Mlle Karoly dans ce même rôle de Phèdre, nous avons rendu justice à ses efforts pour arriver au mieux. Hé! qui sait si notre critique n'y a pas contribué plus que les éloges exagérés?

« Ce n'est pas en les adulant qu'on forme les « bons comédiens, c'est en leur signalant leurs « fautes. »

« C'est Préville qui a dit cela, et cela vaut mieux que tout ce que nous pourrions ajouter. Aussi avons-nous dit.

« A. DUPLESSIS. »

Certes, si M. A. Duplessis s'était borné à trouver *déplacée* la critique que j'avais faite de la sienne au sujet de l'ovation qu'avait reçue Mlle Karoly après le quatrième acte de Phèdre, je n'aurais rien eu à répondre; car, dans sa réponse, tout en maintenant son mot, mon honorable confrère reconnaît — après avoir revu Mlle Karoly dans ce même rôle de Phèdre — les éminentes qualités de l'artiste, qualités, dit-il, auxquelles il n'est peut-être pas resté étranger, si, auparavant, il n'avait lancé un trait contre l'un des journaux qui avait publié ma *Correspondance parisienne*. Ce trait, venant de la part d'un journal, comme *la Revue et Gazette des Théâtres,* qui jouit, à juste titre, d'une haute considération dans le monde artistique, et dont les appréciations sont souvent considérées comme des arrêts par les artistes eux-mêmes, je crus, non dans l'intérêt de ma polémique, mais pour l'intérêt du journal qui avait publié ma *Correspondance,* adresser au directeur de *la Revue et Gazette des Théâtres* la rectification suivante, en laissant de côté les opinions exprimées sur l'artiste, sujet de notre polémique :

« *A. M. le Rédacteur en chef de* LA REVUE ET GAZETTE DES THÉATRES.

« Paris, le 1er octobre 1861.

« Monsieur,

« Je n'aurais point répondu à l'article de M. A. Duplessis, si votre honorable collaborateur n'eût pas commencé son article en insinuant que le journal dans lequel j'ai l'honneur d'écrire était un nouveau-né, qui cherchait, par tous les moyens possibles, à se faire une réputation.

« *Le Publicateur* n'est point né d'hier. Ce journal jouit d'une certaine réputation en province ; et, même à Paris, bon nombre de personnes l'ont en grande estime.

« Si *la Revue et Gazette des Théâtres* est fière de ses trente-deux ans d'existence, *le Publicateur* n'est son cadet que de quelques années, car sa fondation remonte à l'année 1837.

« Je ne réponds donc qu'au premier paragraphe de M. A. Duplessis, le laissant libre d'apprécier dans ses articles les artistes selon ses sentiments et selon son jugement, comme je le fais moi-même chaque fois que l'occasion se présente d'exprimer mon opinion sur les pièces du nouveau ou de l'ancien répertoire et sur les artistes qui les interprètent.

« Le public qui nous lit est notre meilleur juge.

« Mais je ne pouvais garder le silence sur l'insinuation... *déplacée* du premier alinéa de la réponse de M. A. Duplessis à mon article sur les débuts de Mlle Karoly dans le rôle de Phèdre à l'Odéon, insinuation qui pourrait nuire, dans l'esprit de vos lecteurs, aux intérêts et à la considération du *Publicateur*.

« Les choses étant ainsi *replacées* à leur *place,* je vous prie, monsieur le rédacteur en chef, de me

considérer comme l'un de vos plus humbles servi-
teurs.

« VICTORIEN MONNIER,

« correspondant du *Publicateur*. »

Note de la rédaction. — Nous ne voyons aucun
inconvénient à donner à notre confrère la satisfac-
tion qu'il nous demande, et nous insérons sa lettre
sans la faire suivre d'aucune réflexion.

Ainsi se termina la polémique avec *la Revue et
Gazette des Théâtres*, — polémique restée constam-
ment dans les termes de la courtoisie que l'on se
doit entre confrères qui peuvent différer d'opinions
sur les mérites des artistes qu'ils sont appelés à
juger, mais qui, se respectant assez eux-mêmes et
le public pour lequel ils écrivent, n'outrepassent
point le but qu'ils poursuivent, c'est-à-dire soutenir et encourager les artistes qu'ils en croient di-
gnes, laissant ensuite le public — juge en dernier
ressort — de juger chacun selon ses œuvres.

Après cette légère escarmouche avec *la Revue et
Gazette des Théâtres,* je reçus, de la part d'un journal que je n'avais pas l'honneur de connaître, un
coup de massue qui aurait pu m'assommer si je
n'avais eu les reins solides. C'est *l'Écho des Théâ-*

tres, arrivé à son quatrième numéro, qui veut ainsi me pourfendre par la plume de M. Vital Waldack, son rédacteur en chef. L'article me semble si curieux que je ne puis résister au désir de le reproduire tout entier. Le voici :

« Vous allez à l'Odéon un soir qu'on joue *Phèdre* avec Mlle Karoly. Je suppose — ce qui est en définitive possible — que vous trouviez chez cette artiste à peu près autant de défauts que ses amis quand même lui trouvent de qualités. Vous pensez que vous avez la liberté de vous former du talent de Mlle Karoly une opinion peu favorable peut-être, mais qu'en âme et conscience vous croyez être juste ? Vous pensez encore que vous avez le droit, si votre mauvais génie vous a fait journaliste, d'exprimer librement votre pensée ?

« Quelle grossière erreur ! Vous vous trompez, en effet, étrangement. Quoi ! vous avez pu supposer maintenant qu'il vous était permis d'avoir pour Mlle Karoly autre chose que de l'enthousiasme ? Mais d'où venez-vous donc ?

« Non, il vous faut, sachez-le bien, bon gré, mal gré, brûler votre encens sur l'autel de l'héroïne de l'Odéon ! Applaudissez des deux mains, criez *bravo!* de toutes les forces de vos poumons, proclamez Mlle Karoly une grande tragédienne, adressez-lui vos plus flatteurs éloges — ou, sinon, vous encourez indubitablement la disgrâce de M. Victorien Monnier, correspondant parisien du *Publicateur*.

« M. Victorien Monnier a entrepris de terrasser tous ceux qui ne partagent pas son opinion sur Mlle Karoly. Avec lui, point d'hésitation ; il n'y a qu'un parti à prendre : baisser la tête devant cet infatigable champion d'une cause que nous laissons à nos lecteurs le soin de juger.

« Car il ne faut pas espérer de jamais convertir M. Victorien Monnier. Il a son idée toute faite, et, pour lui, il n'y a que son idée au monde. Avec lui, l'équivoque n'est pas possible ; jamais raisonnement ne fut plus serré que le sien :

« Quiconque n'est pas avec moi est contre moi, « dit-il ; j'admire Mlle Karoly, donc tout le monde « est tenu de l'admirer. »

« Vous le voyez, il n'y a point de quartier possible : — Dieu est Dieu, et M. Victorien Monnier est son prophète.

« Après avoir gourmandé notre confrère de la *Revue et Gazette*, M. Duplessis, voici qu'il nous prend à partie et qu'il formule contre nous la terrible accusation de ne pas demeurer en extase devant la Rachel du *Publicateur*.

« Il prononce notre condamnation dans les termes suivants :

« Nous donnerons un conseil à M. Vital Wal-
« dack. Quand on veut fonder un journal, il est bon
« d'avoir des idées qui vous sont propres et bien
« arrêtées, et de ne pas les prendre toutes faites
« dans la *Revue et Gazette*. Certes, M. Duplessis
« doit être flatté de votre communauté d'idées ;
« mais vos lecteurs les ayant déjà vu exprimées
« dans un autre journal que dans le vôtre seront
« médiocrement satisfaits de *lire* dans l'*Echo des
« Théâtres* ce qu'ils auront déjà lu dans la *Revue
« et Gazette.* »

« Si nous n'avons pas oublié ce que parler veut
dire, M. Victorien Monnier nous reproche d'être
peu neuf. Dût notre adversaire se faire une idée
désobligeante de notre intelligence, nous comprenons fort peu de chose à sa critique. Quand l'*Echo
des Théâtres* est venu au monde, les deux opinions
possibles concernant Mlle Karoly étaient en présence : l'une fort défavorable, celle de M. Duplessis ; — l'autre, fort... favorable, celle de M. Victorien Monnier. — Nous avons été de celle de M. Duplessis. Franchement, M. Victorien Monnier croit-il qu'en étant de la sienne, nous en aurions été plus

neuf ou plus intéressant? Nous ne le pensons pas, — au contraire !

« Mais tout cela ne prouve pas d'une manière bien victorieuse le tort que nous avons de ne point mettre notre opinion en harmonie avec celle de M. Victorien Monnier.

« Un instant, nous ne sommes pas au bout.

« Le correspondant du *Publicateur* nous donne charitablement le conseil de soigner notre style : « Médecin, guéris-toi toi-même », est un vieux proverbe dont nous pourrions faire l'application ; mais passons outre. M. Victorien Monnier nous reproche d'abuser du *brillant*. C'est un reproche que personne, à coup sûr, ne songera à lui adresser.

« La question, du reste, n'est pas de savoir si nous employons trop ou trop peu tel ou tel adjectif : elle est de savoir si Mlle Karoly est aussi bonne que M. Victorien Monnier voudrait le faire croire ou aussi mauvaise que nous la croyons. En attendant que l'avenir nous l'apprenne, la discussion, sainement entendue, pourrait démontrer jusqu'à un certain point de quel côté est la raison et de quel côté est le tort.

« Mais, en somme, lorsque M. Victorien Monnier aura prouvé — ce qui n'est guère difficile ! — que notre style est détestable, aura-t-il bien prouvé

que Mlle Karoly est une excellente tragédienne?
Il nous permettra d'en douter.

« Conseil pour conseil, nous donnerons, en ter-
minant, celui qui suit, à notre contradicteur, très-
estimable sans doute, mais fort peu convaincant :

«Prouvez-nous, monsieur, que votre admiration
pour Mlle Karoly n'est ni un engouement systéma-
tique ni un parti pris. Pour cela, cherchez vos ar-
guments ailleurs que dans le style de vos adver-
saires : puisez-les dans votre conviction. Soyez poli
surtout; la politesse voyez-vous, ne gâte jamais
rien. Après, admirez librement Mlle Karoly; pro-
diguez-lui vos plus sincères éloges; brûlez pour
elle autant d'encens qu'il vous conviendra, applaudissez hardiment la tragédienne de vos rêves, mais
permettez à ceux qui en ont rêvé une autre de ne
partager ni votre admiration ni votre enthousiasme.
— Bref, monsieur, gardez votre opinion, s'il vous
plaît; mais, pour Dieu, souffrez que ceux qui ne
pensent pas comme vous gardent la leur.

« Vital Waldack. »

C'est sublime !

Mais, comme dit Longin, dans le chapitre VII de
son *Traité du Sublime* : « Il ne faut pas abuser de
la sublimité qui se tire des circonstances. »

C'est pourquoi je répondis tout bonnement à M. Vital Waldack que, s'il se rangeait sous la bannière de M. A. Duplessis de *la Revue et Gazette*, M. Jules Flamand semblait se rapprocher assez de la mienne en publiant dans *le Théâtre*, quelques jours après, l'appréciation suivante :

« Mlle Karoly a joué et repris fréquemment, depuis la réouverture, les rôles de Phèdre, de Camille, de Pauline et d'Emilie. Sans donner à ces personnages tout le relief, toute la majesté qui leur convient, elle les a interprétés avec un sentiment vrai de la fierté romaine ou du caractère antique. Suivant l'occasion, elle a des moments remarquables de fougue, d'emportement, d'ironie, de dédain ou de noblesse... »

Cependant, disais-je encore à M. Vital Waldack, je vous remercie de me permettre d'avoir une opinion sur Mlle Karoly et de souhaiter à cette actrice, — qui est, comme vous le dites fort galamment, la tragédienne de mes rêves, — dans l'intérêt de l'art théâtral, les plus *brillants* succès, en attendant l'occasion d'apprécier et de juger la *brillante* tragédienne des vôtres.

Pendant ce temps, l'Odéon montait avec un certain luxe une pièce d'Alphonse Schmidt. L'on attendait avec quelque impatience le jour de la première représentation, car Mlle Karoly devait s'y montrer sous un nouvel aspect. Ce jour tant attendu arriva enfin, et le résultat dissipa les craintes des amis de l'éminente artiste et dépassa leur espérance. La malheureuse épouse du malheureux Amphion s'y montra — je ne dirai point sublime pour ne point abuser du mot — mais à la hauteur de l'infortune de l'infortunée Niobé.

Je ne reproduirai point ici ce que j'écrivis à cette occasion, je citerai seulement l'opinion d'un critique de beaucoup d'esprit, qui terminait ainsi son appréciation sur la représentation de *Niobé* :

« Rien de touchant et de pathétique comme la scène où Niobé succombe à sa douleur. Mlle Karoly s'y est montrée comédienne au delà du possible et l'a rendue avec un talent qui a vivement impressionné l'assemblée. Le succès qu'elle a obtenu par cette nouvelle création la place désormais au premier rang des artistes dramatiques. »

Si je m'abstiens de reproduire ici ce que je disais alors de Mlle Karoly, rien ne m'empêche de citer ce que je disais des autres artistes qui reçurent ce soir-là les applaudissements du public :

« Gibeau, disais-je, a joué le rôle d'Amphion

avec un talent hors ligne, et les applaudissements qu'il a reçus le lui ont bien prouvé.

« Mlle Duguerret, qui continuait ses débuts par le rôle de Latone, mérite également nos éloges, ainsi qu'elle les méritait déjà par le rôle d'Andromaque qu'elle a joué, il y a quelques temps, d'une façon vraiment remarquable, tandis que Mlle Karoly jouait Hermione.

« Une artiste, que nous regrettons de voir rarement, Mlle Brunet, a rendu le rôle de Philomèle avec beaucoup d'intelligence; sa voix harmonieuse et touchante fait plaisir à entendre, et ses traits fins et délicats caressent les yeux autant que sa voix charme les oreilles.

« Mlle Dambricourt mérite également nos éloges pour la manière dont elle a joué le rôle de Néitide, la fille aînée de Niobé.

« En somme, terminais-je, le drame de M. Alphonse Schmidt est supérieurement joué et monté avec un luxe peu ordinaire à l'Odéon. »

Après Niobé, Mlle Karoly créa encore deux rôles importants.

Electre fut pour elle une création qui lui rallia beaucoup de partisans. La fille d'Agamemnon fut émouvante de fureur lorsqu'elle contraint son frère

Oreste à tuer le meurtrier de son père ; et en plongeant le poignard dans le sein de l'amant de sa mère, Oreste n'était que l'instrument de la vengeance d'Électre contre le perfide Égisthe.

Mais lady Macbeth fut pour Mlle Karoly son succès le plus durable, et, cette fois, la presse fut unanime pour lui prodiguer ses éloges.

Où elle fut sublime et touchante, ce fut dans la fameuse scène de somnambulisme, où lady Macbeth, succombant sous la crainte et l'épouvante, avoue les terreurs qui l'assiégent et le remords qui la tue :

> L'odeur du sang est là...
> Toujours... on ne saurait purger cette main-là
> Avec tous les parfums de l'Arabie ensemble ;
>
> .   .   .   .
>
> Viens, viens, viens, c'est mon affaire...
> Ce qui s'est fait est fait et ne peut se défaire.

A côté de Mlle Karoly, Taillade, engagé spécialement pour le rôle de Macbeth (écrit pour Geffroy), s'y montra comédien consommé, et ne faisant pas regretter Geoffroy dans ce rôle terrible et abominable.

Ce fut grâce à la parcimonie des sociétaires du Théâtre-Français que le drame de M. Jules Lacroix fut joué à l'Odéon.

L'auteur d'*OEdipe roi* avait d'abord présenté son

drame au Théâtre-Français, qui l'avait accepté ;
mais les sociétaires, reculant devant les frais de
mise en scène, prétextèrent que leurs moyens ne
leur permettaient pas de déployer tant de luxe ; et
c'est grâce à ce concours de circonstances que
Macbeth passa du premier au second Théâtre-
Français, ce qui fut peut-être et pour le drame
et pour l'auteur la source d'un succès qu'ils ob-
tinrent sur la rive gauche qu'ils n'auraient pas
obtenu sur la rive droite.

Une artiste, que j'ai déjà cité, Mlle Duguerret, y
obtint, dans le rôle de Macdof un beau et légitime
succès.

Mlle Brunet aussi s'y fit remarquer par un bout
de rôle, car l'on était content de rencontrer son
gracieux visage en ce drame abominable pour donner un peu de lumière à ce sombre tableau.

Son engagement terminé, Mlle Karoly rentra
sous sa tente. Elle en sortait parfois pour réciter
à l'Athénée des scènes des tragédies de Racine et
de Corneille et des poésies de Victor Hugo, où le
public distingué qui fréquentait cette enceinte l'acclamait toujours de ses plus chaleureux applaudissements.

Tant que durèrent les représentations de *la
Nonne sanglante* que le théâtre de la Porte Saint-

Martin reprenait de nouveau, Mlle Karoly reçut également, de la part du public de ce théâtre, où elle était spécialement engagée pour jouer ce rôle émouvant et terrible, de très-chaleureux applaudissements.

Mais, pour une artiste du sang de Mlle Karoly, le repos c'est la mort. Aussi, reprenant sa lance, elle partit pour de nouveaux combats, et Dijon, et Dôle, et Narbonne, et Montauban et bon nombre d'autres villes furent témoins de ses exploits.

L'*Album dôlois* disait, en parlant d'elle :

Horace, Camille, Karoly... trois noms qui se confondent désormais dans un même et durable souvenir... Nous avons admiré Rachel dans la plénitude de sa force et de sa gloire... Avec ses partisans les plus fanatiques, nous estimions que le sceptre qu'elle laissait serait lourd à porter... Karoly nous a fourni la preuve du contraire...

« Elle s'est révélée tout entière dans les imprécations de Camille... Toute la salle haletante, l'oreille attentive, le regard avidement fixé sur la grande tragédienne pour n'en perdre ni un geste ni un mouvement était remuée jusque dans ses entrailles, comme par une commotion électrique. La colère, la haine, la rage, le désespoir, la fureur, terrifiaient l'assistance, s'en emparant et la terrifiant comme dans un monde nouveau et inconnu. Possédée par le dieu, l'artiste ne nous laissait ni trêve ni merci, ravissait les applaudissements, arrachait des bravos qui ne s'interrompaient un instant que pour recommencer avec plus d'enthousiasme.

« Quelle noblesse imposante dans l'attitude! Quelle sobriété intelligente dans le geste! Quelle mobilité passionnée. dans le masque! Enfin quelle majestueuse simplicité dans la manière de se dresser! On eût dit qu'elle incarnait en elle le type de la statue antique. Aussi quel magnifique triomphe! quel succès étourdissant! Acclamations répétées, rappel enthousiaste, bouquets tombant de tous les points de la salle, rien n'a manqué à la gloire de l'éminente artiste... »

Je ne cite, à dessein, qu'une partie de l'article de M. J.-A. Davin ; mais ce que je cite suffit assez, je crois, pour faire connaître aux lecteurs qui me feront l'honneur de me lire, que la victoire souriait à la vaillante combattante.

Comme je ne cite qu'une partie de l'article de M. Davin, je ne puis résister au désir de citer encore quelques extraits des articles consacrés à Mlle Karoly par quelques-uns de mes honorables confrères chargés de la critique théâtrale dans quelques-unes des villes où la tragédienne en tournée donnait des représentations. J'en élague, bien entendu, ce qui concerne la partie locale et tout ce qui ne pourrait entrer dans le cadre que je me suis tracé.

Le rédacteur du *Courrier de Montauban,* après avoir vu *Horace,* s'exprime ainsi à propos de Camille :

« Si la tragédie doit revenir en honneur, l'artiste que nous avons entendu jeudi est une des interprètes dont le talent contribuerait à la faire revivre.

« Mlle Karoly, dont la vocation s'est révélée comme celle de Mlle Rachel, a cherché et trouvé un moyen sûr pour réussir. Et nous sommes d'avis, avec notre confrère du *Messager de Toulouse,* qu'elle a réussi. Cette dame possède tous les dons extérieurs qu'exige l'emploi : une tête magnifique, encadrée de beaux cheveux noirs, des traits expressifs, un masque d'une mobilité extrême, enfin l'aisance avec laquelle elle porte le peplum antique, en fait une vraie Romaine. Sa voix, dont elle fait vibrer les cordes basses dans les moments pathétiques, a des accents passionnés et étranges, qui émeuvent et entraînent.

« La diction de Mlle Karoly est irréprochable,

elle scande les vers à la manière des grands maî-
tres, sans faire sentir ni l'hémistiche ni la rime
toujours un peu monotone.

« Dans les deux premiers actes, Camille a été
magnifique, et les applaudissements des specta-
teurs ont prouvé qu'elle était justement appréciée.
Mais son talent s'est déployé entièrement au
quatrième. Mlle Karoly, complétement identifiée
avec son rôle, a versé de véritables larmes... Aussi
l'actrice a-t-elle quitté la scène au milieu des cris,
des bravos, des trépignements de l'auditoire en-
thousiasmé. Mlle Karoly a reçu une véritable ovation, et c'était justice.

« Nous n'aurons garde d'oublier une délicieuse
poésie, presque inédite, mais pleine de fraîcheur
et de sentiment, que Mlle Karoly a déclamée après
Horace. C'est une des petites épopées de *la Lé-
gende des Siècles* de Victor Hugo, intitulée *le Revenant*. L'artiste s'est montrée aussi gracieuse qu'elle
avait été énergique, et son talent si flexible a
ajouté tant de charme à ce morceau, que nous
craindrions de le déflorer en l'analysant. »

« Nous le disions avec raison, dans notre dernier compte rendu, dit M. Eugène Fil, dans *le
Courrier de Narbonne*, et le fait est venu à l'appui

de notre hypothèse, Mlle Karoly est la personnifi-
cation de la muse du drame moderne, empreint de
naturalisme que le génie de Victor Hugo ressus-
cita en 1830.

« Victor Hugo, *Hernani*, Karoly sont trois noms
inséparables sur la scène. Quel talent d'interprétation mis au service de ce grand drame ! Nous
l'avons dit au sortir de la représentation à la
grande artiste elle-même : « Vous avez été tout
« simplement admirable ! »

« Victor Hugo a trouvé en Mlle Karoly une vaillante interprète ; et maintenant qu'elle s'est révélée
à nous sous le côté désiré, ajoutons avec bonheur
un éloge à nos éloges, et nous croyons tout dire
en assurant que Mlle Karoly, dans doña Sol, nous
a fait songer à la puissance de Rachel. A mesure
qu'elle marchait sur la scène, que ses tressaille-
ments amoureux suspendaient les battements de
notre cœur, que sa voix ou sourde ou vibrante,
délicate et caressante, ou forte et irritée frappait
notre oreille, par un retour mystérieux vers le
passé, il se faisait, dans les souvenirs de notre
esprit, une assimilation parfaite entre la morte et
la vivante ; Mlle Karoly nous semblait une réincar-
nation.

« Puisse par elle ne point périr la grande tragédie ! Puissent par elle, retentir longtemps sur la scène française les vers magnifiques de nos grands poëtes tragiques !...

« Après *Hernani*, nous avons eu *Andromaque*. Après Corneille, Victor Hugo, et après lui, Racine.

« *Andromaque!* c'est la belle figure de cette tragédie qui appartient toute à Racine, qui est toute de création française, et qui n'a de commun avec l'antiquité que le titre emprunté à Euripide.

« Mlle Othon, dans le rôle d'Andromaque, a su allier aux exigences du caractère antique l'esprit merveilleux de résignation que notre civilisation seule pouvait rendre sensible.

« Mlle Karoly s'est trouvée à la hauteur du caractère d'Hermione... Ce qui est certain pour nous, c'est que la Champmeslé, qui, d'après quelques Mémoires satiriques, fut la maîtresse de Racine, et qui dut à ces tendres rapports des leçons suivies sur l'art de dire les vers, n'aurait pas interprêté ce rôle dans le même esprit et avec le même sentiment. S'il faut en croire les biographes, elle n'aurait eu aucun succès de notre temps : elle plaisait et touchait lorsqu'il fallait déchirer.

« Mlle Karoly aurait mieux qu'elle l'approbation du poëte tragique, qui serait tout ravi de se voir violenter quelque peu et d'entendre substituer à une déclamation de convention le véritable accent de la passion dramatique.

« Mlle Karoly est bien une grande tragédienne : elle a la grâce, elle a les emportements hardis et fougueux, le geste juste et terrible, souvent pittoresque ; elle attache, elle fait souffrir, elle fait aimer, quoi de plus? Inutile d'entrer dans les détails d'un rôle qui renferme toutes les nuances de l'amour les plus insaisissables.

« Camille ! doña Sol ! Hermione ! trois magnifiques rôles, trois caractères admirables, divers, distancés, éclatants, supérieurement fouillés, nous ont servi à juger la tragédienne, et ont rendu notre tâche facile pour la louange... »

Je m'arrête à ces citations. Je pense qu'elles suffisent pour montrer surabondamment que mes confrères de la province partagent mon opinion sur les mérites de la grande tragédienne, objet de ce livre.

VI

Rentrée à Paris couverte des lauriers conquis durant cette laborieuse campagne, Mlle Karoly se prépara à livrer de nouveaux combats sur un autre champ de bataille, où, malgré ses succès éclatants et mérités, l'issue en fut fatale. Ici encore je laisserai la parole à quelques-uns de mes honorables confrères qui tiennent la plume dans les plus importants et les mieux écoutés des journaux de Paris :

« Quelques jours après la reprise des *Fâcheux*, dit *le Siècle* du 14 septembre 1868, nous avons eu un début intéressant au Théâtre-Français, celui de Mlle Karoly, dans le rôle d'Émilie de *Cinna*. On se souvient peut-être de la polémique

que souleva l'apparition de cette nouvelle tragédienne à l'Odéon...

« Dans le fait, depuis Rachel, nulle autre tragédienne n'a produit une aussi grande sensation à
ses débuts et attiré une aussi notable affluence...

« C'était une terrible épreuve pour une tragédienne qui aborde pour la première fois cette scène
imposante du Théâtre-Français que d'avoir à se
montrer dans un personnage comme celui d'Émilie,
qui se présente seule au lever du rideau et qui se
livre à un long monologue plein de combats, de
sentiments tumultueux et d'invocations. Dès les
premiers vers cependant, Mlle Karoly a commandé
l'attention. Sa gravité, son énergie, sa passion, sa
résolution ont intéressé le public... On se laisse
gagner par son attendrissement qui paraît si sincère, et par les accents si doux et si touchants de
cette même voix qui tout à l'heure était si rude et
si fière quand elle réclamait la vengeance de son
père et la liberté de Rome.

« Voilà l'avantage d'une actrice qui pratique son
art avec amour... Depuis longtemps nous n'avions
pas vu une tragédie au Théâtre-Français suivie
d'un bout à l'autre avec autant d'attention. »

M. de Biéville, après avoir constaté le succès du

premier début de Mlle Karoly au Théâtre-Français, dans le rôle d'Emilie, de *Cinna*, dans son feuilleton du 14 septembre, disait, dans celui du 21 du même mois :

« Mlle Karoly a fait son second début dans le rôle de Monime de *Mithridate*, et son troisième dans celui de Camille d'*Horace*. Son succès s'est affirmé de plus en plus. Son troisième début avait attiré une affluence que l'on a rarement vue au Théâtre-Français pour la tragédie depuis la mort de Rachel... Dans le rôle de Monime, qui demande beaucoup de retenue avec beaucoup d'amour, beaucoup de modestie avec beaucoup de fermeté, elle a été très-touchante, très-tendre, très-modeste et très-ferme... Elle devait naturellement mettre moins de roideur dans le rôle de Monime que dans celui d'Emilie : elle y a mis de la grâce, et maintes fois elle a soulevé de vifs applaudissements.

« Dans le rôle de Camille, le succès de Mlle Karoly était assuré... Elle a détaillé de la manière la plus intelligente et la plus tragique le monologue. Elle a proféré les imprécations avec une furie de dépit et de haine qui lui a valu deux salves d'applaudissements et un rappel au milieu de l'action. »

J'écourte énormément, comme on le pense bien, les appréciations de M. de Biéville, qui les termine ainsi :

« Le Théâtre-Français déserterait complétement les intérêts de la tragédie s'il ne s'attachait pas une tragédienne qui vient de traverser aussi victorieusement trois épreuves aussi décisives ; il les déserterait pour le présent et pour l'avenir, car les qualités puissantes de Mlle Karoly s'adapteront pour le moins aussi bien aux rôles de reine qu'aux rôles de princesse, aux rôles de Cléopâtre, d'Athalie, de Clytemnestre qu'à ceux d'Emilie, de Monime et de Camille. »

En même temps que M. de Biéville, dans *le Siècle*, M. Nestor Roqueplan, dans *le Constitutionnel*, disait à ses lecteurs :

« Mlle Karoly a débuté cette semaine à la Comédie-Française. Elle y a paru dans deux rôles profondément opposés : celui d'Emilie et celui de Monime... Le succès qu'elle a obtenu ne nous a point surpris. Elle tenait largement ce qu'elle avait promis durant son passage à l'Odéon ; mais notre surprise a été grande en la voyant réussir encore plus

dans la Monime de Racine, où Rachel et Mlle Fa-
vart avaient laissé la profonde empreinte de leur
double interprétation... Monime vient de nous ap-
paraître sous une physionomie qui, pour être nouvelle, n'en est pas moins charmante. Et la troupe
tragique de la Comédie-Française va probablement
s'enrichir d'une nouvelle interprète. »

M. Paul de Saint-Victor (feuilleton de. *la Liberté*
du 15 septembre) disait à son tour :

« Mlle Karoly a paru cette semaine, au Théâtre-
Français, dans le rôle d'Emilie de *Cinna*. Ses débuts à l'Odéon firent, il y a sept ans, quelque bruit.
Elle eut ses prophètes et ses persécuteurs... Elle
reparaît après deux ou trois ans d'absence, et, d'un
début à l'autre, il y a progrès évident..... Elle a dit
avec beaucoup de passion et d'emportement les
harangues violentes du premier acte. Mlle Karoly
a la gravité, la force, une certaine ampleur, cette
foi robuste qui transporte les tirades et fait croire
aux Songes..... »

L'Opinion nationale (14 septembre 1868) dit
« que le premier début de Mlle Karoly à la Comédie-
Française a été heureux, et que sa place était mar-

quée rue Richelieu depuis le jour où elle débuta à l'Odéon. »

Huit jours après (feuilleton de *l'Opinion nationale* du lundi 25 septembre), M. Jules Claretie disait encore :

« C'est dans *Horace* que Mlle Karoly continuait ses débuts. On l'attendait à ce rôle important de Camille ; elle s'en est tirée à son honneur. Pour Camille, le quatrième acte est la pièce tout entière. Mlle Karoly est très-touchante lorsqu'elle écoute le récit de la mort des Curiace. La douleur la plus vive, une douleur muette et éloquente, contracte son visage. Le geste est beau, et elle a choisi, pour s'évanouir, la pose que prenait Rachel..... »

M. Etienne Arago s'exprimait ainsi sur les débuts de Mlle Karoly à la Comédie-Française dans son feuilleton du 14 septembre de *l'Avenir national :*

« Nous avons vu reparaître *Cinna* et *Mithridate* pour les débuts d'une tragédienne qui, précédemment, à l'Odéon, s'était fait applaudir dans le rôle classique de tragédie.

« Dans le rôle d'Emilie de *Cinna,* qu'elle a pris

pour son premier début, Mlle Karoly nous est apparue d'abord avec sa bonne prestance. Son organe sonore a perdu un peu de son âpreté ; sa voix a acquis des sons plus nuancés ; son jeu s'est réglé, s'est modéré. Elle avait les violences de *l'adorable furie ;* elle en a trouvé la séduction, et la partie de son rôle où elle a le mieux réussi, c'est sa dernière tirade, acte de soumission accompli par Emilie après la clémence d'Auguste.

« Dans l'admirable rôle de Monime, Mlle Karoly a obtenu un succès plus décidé. »

Je pourrais continuer longtemps encore, mais je m'arrête. Les citations qui précèdent suffisent, je pense, pour faire ressortir l'unanimité de la presse parisienne à reconnaître en Mlle Karoly une tragédienne peu commune. Et cette unanimité à constater le succès de ses débuts à la Comédie-Française fait dire à ceux qui en ont été témoins : « Mais, quel est donc ce mystère ? » Quant à moi, *je me l'demande.* Peut-être un jour la vérité éclairera-t-elle de ses brillants rayons cette *affaire ténébreuse.* Je pourrais bien, dès à présent, si je le voulais, lever un coin du voile qui couvre ce mystère ; mais, dit un proverbe fort sage : « La parole est d'argent et le silence est d'or. » Or, pour quiconque sait ce que parler veut dire, j'en ai dit assez pour faire comprendre que le parti pris a joué ici un grand rôle, et que Mlle Karoly, eût-elle montré cent fois plus de talent qu'elle n'en a montré dans ses trois débuts, c'était comme si, pour certaines gens, elle n'en avait pas montré du tout. A tout bon entendeur, salut !

Donc, malgré l'unanimité des critiques les plus autorisés de la presse parisienne à considérer Mlle Karoly, après ses trois débuts au Théâtre-Français, comme définitivement attachée au théâtre de la rue Richelieu, l'éminente artiste ne fut point engagée, et rentra encore une fois sous sa tente.

Mais un long repos ne convient point à son tempérament. Aussi l'hiver dernier, le dimanche, elle chaussait le cothurne et endossait la chlamyde, et, partant pour la Gaîté — le théâtre — en même temps que d'éminents conférenciers s'y rendaient de leur côté, suivis d'une foule énorme, avide d'entendre la tragédienne, et les savants professeurs qui dissertaient sur la tragédie dont Mlle Karoly était l'éminente interprète. Elle y joua, entre autres, les deux *Phèdres*, la *Phèdre* de Pradon et la *Phèdre* de Racine. Certes, si Racine n'eût pas traité le même sujet que Pradon, il est probable que la *Phèdre* de celui-ci fût restée au théâtre. Ce fut donc une bonne fortune pour le public du dimanche du théâtre de la Gaîté, de pouvoir, en connaissance de cause, juger du mérite des deux *Phèdres*. Si la comparaison n'était guère possible, Mlle Karoly eût du moins le mérite de créer le rôle de la *Phèdre* de Pradon et d'en faire ressortir les beautés qui s'y trouvent en grand nombre.

Une chose bonne à noter encore, c'est que, si Mlle Karoly brille par ses qualités d'artiste, elle brille tout autant par les qualités du cœur. Je pourrais citer, à l'appui de cette thèse, bon nombre d'exemples, je me contenterai de citer deux lettres d'elle. La première, c'était à l'époque où je venais de publier *Thérésa et ses Mémoires*. Mlle Karoly en ayant reçu un exemplaire, m'écrivit la lettre suivante. On y verra que la femme, l'artiste et le critique s'y montrent tour à tour avec autant d'esprit que de cœur :

« Paris, le 17 septembre 1865.

« Monsieur,

« J'ai bien regretté de n'être pas chez moi samedi soir. Mais il ne faut pas que ce vilain contretemps vous empêche de me rendre visite. Vous savez que vous serez toujours le bien reçu.

4.

« J'ai reçu votre brochure. Je vous en remercie, car je vois que vous ne m'oubliez pas et que vous vous souvenez encore de la pauvre Camille.

« Vous êtes un grand partisan de Mlle Thérésa, vous le dites et vous l'écrivez franchement. J'ai lu cette brochure avec plaisir. Je n'ai entendu Mlle Thérésa qu'une seule fois. Je l'ai trouvée très-singulière, chantant avec une très-grande originalité, avec une expression vraiment remarquable. Mais, tout en l'admirant bien sincèrement, je déplore ce goût-là ; car, tout ce qui n'entre pas dans le cœur et ne touche pas l'âme, ne devrait pas prendre une aussi grande autorité. Quant à moi, je n'aime que ce qui me touche l'âme et le cœur. Ah ! Dieu ! c'est que je suis si triste, si désabusée de ma position actuelle ! Pensez donc, cher Monsieur, comme je dois souffrir de ce cruel abandon ! Et encore si je l'avais mérité, je me résignerais ; car enfin, le condamné à mort a au moins la consolation du remords. Mais l'innocent pleure de paraître coupable et de subir un châtiment injuste. Et voilà mon sort : je suis condamnée à mort après avoir gagné bien des batailles.

« KAROLY. »

Cette lettre, si juste et si concluante au sujet de l'artiste qui en est l'objet, exhale en outre des plaintes amères contre le sort qui l'obligeait à l'inaction, et l'on concevra facilement les cris de désespoir que poussait cette âme en peine, qui ne pouvait plus exhaler ses soupirs sous les traits des princesses de la grande famille des Atrides. Le public, qui ne voit l'artiste que du beau côté de la médaille, ignore les souffrances de celle qui, après avoir savouré les applaudissements de la foule attentive à sa voix, se voit tout à coup privée de la scène, témoin de ses triomphes ; il ne se doute guère des angoisses qu'éprouve ce cœur ulcéré et saignant par les tourments qui le déchire. Il en aura un aperçu après la lecture de la seconde lettre, que voici :

« Paris, le 19 octobre 1865.

« Cher Monsieur Monnier,

« Combien je suis sensible à votre bon souvenir. Merci, mille fois merci, et encore merci. Vous êtes le seul journaliste qui osez écrire en ma faveur depuis ma retraite de l'Odéon. Et cependant toute la presse m'avait honorablement soutenue pendant mes quatre années de théâtre. Pourquoi maintenant ce silence ? Ah! c'est très-mal de sa part, car elle pourrait me faire rendre justice. Ah! Monsieur, si vous saviez combien je souffre de ne plus jouer... Je ne vis plus. Toute ma vie était consacrée au théâtre. Ah! mes beaux rôles, combien je vous regrette, et combien je souffre de ne plus pleurer sur vos douleurs ! Pauvre Camille!... Hermione, Pauline, Monime; Electre, Phèdre, lady Macbeth!... Quelle injustice !... Pourquoi ne suis-je plus à l'Odéon? Voyons, cher Monsieur, ai-je mérité d'être exilée? Non ; car le public — le vrai juge — a rendu justice à mes efforts. Que ne suis-je encore à mon cher théâtre, et pourquoi ne débuterais-je pas à la Comédie-Française? N'ai-je pas prouvé plus que certaines tragédiennes que je pourrais nommer, mais que vous connaissez mieux que moi? Oui, modestie de côté, je vous le répète encore, je suis victime d'une très-grande injustice. Ah! tenez, il faut m'arrêter, car ma tête se perd quand je parle de cela : il faut me soutenir... Mais laissez-moi vous dire combien je suis touchée... Oui, vous m'avez émue, mais d'une émotion douce, et je pleure ; mais je suis heureuse, car je vois qu'il y a encore de bons cœurs... Merci, et encore merci.

« KAROLY. »

On le voit, tout n'est pas rose dans la vie des artistes, et les applaudissements qu'ils reçoivent ne sont parfois que le prix de longues souffrances et d'un travail opiniâtre.

Maintenant Mlle Karoly est rentrée à l'Odéon — son domaine. — Le public — seul juge en dernier ressort — rendra, je l'espère, justice à l'éminente artiste, qui n'a qu'un but — lui plaire et mériter ses suffrages. — Déjà il lui a témoigné le plaisir qu'il avait de la revoir chaque fois qu'elle a paru sous les traits de Camille ou d'Émilie ; mais c'est surtout lorsqu'elle a joué le rôle d'Athalie — qu'elle n'avait point encore joué à l'Odéon — que ses applaudissements lui ont prouvé qu'elle était toujours l'artiste bien-aimée sur la rive gauche de la Seine.

Déjà aussi de jeunes écrivains affilent crânement leur plume pour combattre en faveur de l'artiste, victime d'une cruelle injustice que je n'ose qualifier, mais que M. J. Barbey d'Aurevilly qualifie très-bien et en toutes lettres dans le *Nain Jaune.* Je voudrais pouvoir reproduire en entier l'article de ce courageux écrivain ; mais il me faudrait pour cela sortir de la réserve que je me suis imposée ; je citerai cependant quelques passages de ce remarquable article — ceux surtout ne concernant que Mlle Karoly.

« Elle est donc rentrée à l'Odéon, dit M. Barbey
d'Aurevilly, et l'Odéon l'a donnée au public pour
fêter sa réouverture. Elle a fait le *Cavalier seul...*
Si c'est là une réparation offerte enfin à l'artiste
longtemps humiliée, cela honore l'Odéon, car on
la lui devait... Karoly, le talent méconnu, non du
public intelligent, mais des directions qui méritent
une autre épithète, Karoly, émigrant de l'Odéon
pour aller aux *Français*, où ils auraient dû l'ac-
cueillir et la garder, est rentrée à l'Odéon, où la
voilà et où il faut qu'elle reste ! Pendant ce relan-
cement et ce rebondissement douloureux de Karoly
d'un théâtre à l'autre, Mlle. . . . .

. . . .

« Mlle Karoly est en effet peut-être la dernière
grande expression qu'on verra maintenant de la
tragédie. Lorsqu'elle est entrée pour quelques jours
aux Français, il y a six mois, et qu'elle y fit cette
brillante et amère campagne de quelques soirs, —
amère pour elle, brillante pour nous, — je dis au
Nain Jaune ce que je pensais de cette actrice sortie
d'elle-même, tandis que Mlle. . . . .
J'aurais désiré la voir dans tous ces rôles. Je ne la
vis que dans la Camille d'*Horace* et la Monime de
Mithridate, heureusement deux rôles différents, les
deux extrémités du clavier dramatique. On se rap-

pelle peut-être la grande impression que me fit cette énergique actrice, vraie à sa manière, comme Rachel l'était à la sienne, Rachel, le talent le plus spontané, le plus fleur, le plus lys qui se soit élancé jamais sur une tige, et qui, un soir, quand personne n'y pensait, dans une salle presque vide, s'élève et éclate tout à coup comme une fusée de génie et d'effets inconnus! Mlle Karoly n'a point eu cet accomplissement instantané d'artiste qui semble jaillir de l'horizon, tant il monte vite ! mais elle n'en est pas moins dans la vérité de sa nature, inspirée, mais plus volontaire. Karoly, c'est tout à la fois le bloc et la statue. La statue est dans le bloc, il s'entre ouvre et elle sort ; mais elle discute avec le marbre pour en sortir.

« Une étude de tragédienne est, avant tout, une étude de statuaire. Eh bien ! chez la Karoly d'àprésent, le marbre de la chair tourne mieux dans sa plénitude et dans sa densité. Les contours en sont plus arrêtés et plus finis, et la lumière qui les faufile luit mieux aussi sur la rondeur de l'épaule nue.....

« Karoly, la fougueuse Karoly, est arrivée à la noblesse dans le geste, l'attitude, le port de tête sur ce beau cou immobile de canéphore, et c'est ce qui m'a sauté aux yeux tout d'abord dans le rôle de Camille, et, plus encore, dans le rôle concentré d'Émilie. La voilà donc noble, parfaitement noble enfin. On ne dira plus d'elle : Oui, elle a du talent, mais par place ; elle a des inspirations momentanées, des irruptions, des effractions de talent, cette fille inégale comme une tragédie de Corneille, on ne le dira plus! car elle a du talent toujours, puisqu'elle a de la noblesse toujours, dès qu'elle est en scène, comme la statue de Minerve sur son piédestal... »

Quant à moi j'ai conservé, je crois, en faisant ce travail, la plus grande impartialité, tant à l'égard de Mlle Karoly qu'à l'égard de ses critiques, me rappelant sans cesse ce que disait l'orateur romain dans son *Traité des Devoirs* : « L'homme, ami de la vérité, se maintient facilement loin de l'excès, au beau milieu de la justice. » — (*Quæ sunt de media laude justitiæ.*)

VICTORIEN MONNIER.

(Octobre 186?).

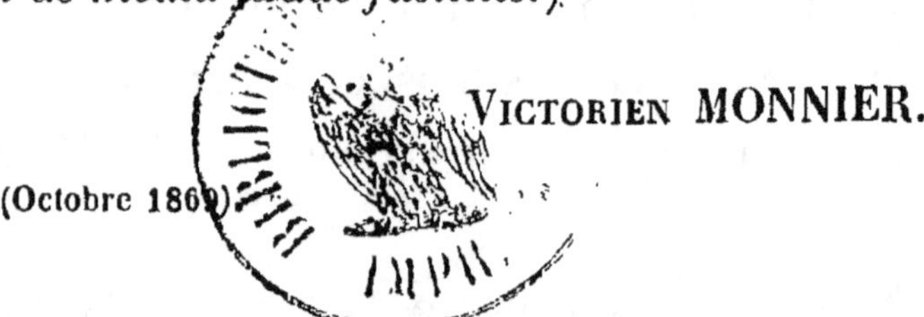

PARIS. — E. DE SOYE, IMPRIMEUR, PLACE DU PANTHÉON, 2.

www.ingramcontent.com/pod-product-compliance
Lightning Source LLC
Chambersburg PA
CBHW061252060726
47596CB00002B/561